Trompez ! Trompez !
il en restera toujours quelque chose.
(à propos d'une certaine « trompe »)

LA POLICE DE LA CIRCULATION ET LA RÉGLEMENTATION DES SIGNAUX SONORES A MARSEILLE

TEXTES OFFICIELS
DOCUMENTS, CITATIONS, D'APRÈS LES ORIGINAUX
NOTES ET RÉFLEXIONS
PAR
UN MARSEILLAIS

LIBRAIRIE A. TACUSSEL
54, Rue Paradis, 54
1930

SOMMAIRE :

§ 1er. — *Ce que dit la loi*, quant à l'appareil sonore des Tramways.

§ 2e. — *Comment l'entendent, à Marseille :*

I. — L'Administration

II. — La Presse

III. — Les Tramways

LA POLICE DE LA CIRCULATION
ET LA REGLEMENTATION DES SIGNAUX SONORES
A MARSEILLE

DE L'ART DE TROMPER
« DANS LE CADRE DES LOIS ET RÈGLEMENTS EN VIGUEUR »

UN CAS EXTRAORDINAIRE
DE LONGEVITE ET DE LEGALITE « SPECIALE »
LA « TROMPE » DES TRAMWAYS

Tout le monde, peut-on dire, à Marseille, — étrangers de passage aussi bien qu'habitants, — s'étonne de ce que les Tramways, après avoir paru vouloir, en 1924-1925, entrer dans la voie de l'emploi du timbre, et s'y mettre ainsi à l'unisson de ce qui est la règle partout ailleurs, pour ces véhicules, quant à l'appareil sonore, aient reculé en si bon chemin, et qu'ils en soient revenus à leur système de trompe, dit « corne d'appel », comme pour en conserver jalousement à notre Ville le monopole (*).

C'est qu'en effet, en présence d'une telle anomalie, bien faite assurément pour singulariser notre grande et populeuse cité, mais plus encore peut-être pour la disqualifier, il y a tout lieu de s'étonner, et même davantage.

Vainement, prétendrait-on qu'il s'agit là d'une affaire secondaire, purement locale et n'intéressant, en réalité, que quelques-uns de nos concitoyens. Du moment que la loi elle-même intervient à son sujet, en raison du rapport qu'a, à ses yeux, le signal sonore des tramways avec la sécurité et le repos du Public, il faut que l'importance en soit des plus réelles, et nul n'a le droit de la méconnaître.

Les textes, citations et réflexions que, pour l'édification de l'honnête Public Marseillais, nous croyons utile de soumettre

(*)... « Enfin, la corne d'appel... dont les Marseillais ont encore seuls dans le monde : le monopole ! » (Docteur G. FARNARIER : *Le Problème de la Circulation dans les grandes villes et à Marseille en particulier*).

ci-après à sa bienveillante attention, lui permettront vraisemblablement d'en juger, et de se faire, en pleine connaissance de cause, une opinion définitive sur la question.

Ils le mettront, en particulier, à même d'apprécier l'étrange conception que se sont faite, jusqu'ici, de la loi et de son caractère, non seulement le petit nombre de ceux à qui elle se trouve déplaire, mais encore ceux-là même auxquels incombent le devoir et la charge de l'appliquer, et lui révèleront à quel degré d'arbitraire omnipotent et d'abus, des personnages même haut placés, qu'on croirait à l'abri de tout soupçon, peuvent atteindre, sous l'action de certaines influences avouées ou cachées.

Voici, en effet, sur le point précis de l'appareil sonore des Tramways, et dans l'ordre chronologique de ses textes officiels :

§ 1er. — CE QUE DIT, DEPUIS 1907, (*) LA LOI :

DECRET DU 16 JUILLET 1907

(sur l'exploitation des voies ferrées, y compris les Tramways)

Art. 39. — .... « Il (le mécanicien) signale l'approche du train « au moyen d'un appareil sonore, du type déterminé par le Ministre « des Travaux Publics, pour chaque catégorie de tramways. »

(*) C'est dans les premiers mois de 1901 que la traction électrique fut établie sur les réseaux intérieurs de la Ville. Jusqu'alors, la traction était animale, et le signal usité le sifflet, à bouche, du cocher. Celui-ci avait donc, à la fois, à actionner les guides de ses chevaux (et, le cas échéant, celles des renforts), le fouet, le frein et le sifflet. Il n'était pourtant jamais question, à cette époque, d'accidents. Le Public n'avait également qu'à se louer de ses rapports avec le Personnel de la Compagnie.

Il est vrai que la fureur des vitesses et le mépris de la vie de son semblable ne sévissaient pas alors, à l'état aigu, comme aujourd'hui, dans notre société de progrès.

Le Décret en vigueur était celui du 6 Août 1881, disant (art. 29, § 2) : « *Le cocher est muni d'une trompe ou d'un cornet, ou de tout autre* « *instrument du même genre, afin de signaler son approche.* »

ARRET DU CONSEIL D'ETAT, DU 9 FEVRIER 1917 (Extrait)

(signifié à la Compagnie Générale Française de Tramways le 7 Décembre 1922, par ministère de Me BOUGEAREL, *huissier).*

Au nom du Peuple Français,

SUR LA RECEVABILITÉ :

Considérant que le Ministre des Travaux Publics a, dans l'article 2 de l'Arrêté du 20 Janvier 1909, prévu la possibilité de déroger aux prescriptions de l'article 1 du dit Arrêté, et que c'est par application de l'article précité qu'il a, dans l'Arrêté du 27 Novembre 1909, autorisé la Compagnie Générale Française de Tramways à conserver la trompe comme appareil avertisseur : ....que, d'autre part, les deux Arrêtés intéressant la collectivité des citoyens, le Ministre n'est pas fondé à soutenir que les requérants n'ont pas un même intérêt à leur annulation et que la requête n'est recevable qu'en ce qui concerne le premier signataire ; ....

SUR LA LÉGALITÉ :

Considérant qu'en édictant, dans son article 39, que le Ministre des Travaux Publics déterminerait pour chaque catégorie de Tramways un appareil sonore, LE DECRET DU 16 JUILLET 1907 a eu pour but, dans l'intérêt de la sécurité publique, de rendre obligatoire *dans tous les Départements l'emploi d'un même appareil avertisseur pour chaque catégorie de Tramways ;* **que, dès lors, si le Ministre pouvait, en vertu de la disposition ci-dessus, prescrire dans l'article 1 de l'Arrêté du 20 Janvier 1909 que l'appareil avertisseur des Tramways à traction électrique devrait être la cloche ou le timbre, il n'avait le droit ni de prévoir, dans l'article 2 de l'Arrêté précité, la possibilité de déroger aux prescriptions susmentionnées, ni d'autoriser, dans l'Arrêté du 27 Novembre 1909, la Compagnie Générale Française de Tramways à conserver la trompe comme appareil avertisseur des tramways circulant sur son réseau de Marseille, qu'il suit de là que les Sieurs X... et autres sont fondés à soutenir que l'article 2 de l'Arrêté du 20 Janvier 1909 et l'Arrêté du 27 Novembre 1909 sont entachés d'excès de pouvoir.**

DÉCIDE :

I. — Sont annulés l'article 2 (1) de l'Arrêté du Ministre des

---

(1) TEXTE DE L'ARTICLE 2 DE L'ARRÊTÉ DU 20 JANVIER 1909 :

« Des dérogations aux prescriptions ci-dessus pourront être auto-
« risées dans des circonstances exceptionnelles, par décisions ministé-
« rielles, après avis des Préfets, et sur le rapport des Services de
« Contrôle. »

Travaux Publics du 20 Janvier 1909 et l'Arrêté du Ministre des Travaux Publics du 27 Novembre 1909 (2).

II. — Expédition de la présente Décision sera transmise au Ministre.

Lu en séance publique, le 9 Février 1917,

Le Vice-Président du Conseil d'Etat,

Signé : R. MARGUERIE.

DECRET DU 11 NOVEMBRE 1917

Art. 54. — ...... « Lorsqu'une machine ou un train circule sur « une voie ferrée empruntant une voie publique, le mécanicien « signale l'approche du train au moyen d'un appareil sonore, du « *type déterminé par le Ministre des Travaux Publics et des* « *Transports.* »

---

(2) TEXTE DE L'ARRÊTÉ DU 27 NOVEMBRE 1909. :

LE MINISTRE

à Monsieur le Préfet des Bouches-du-Rhône;

« J'ai soumis au Comité de l'Exploitation Technique des Chemins « de Fer le dossier de l'instruction relative à la DEMANDE de la Compa- « gnie Générale Française de Tramways, tendant à obtenir l'autorisa- « tion DE CONSERVER LA TROMPE, comme appareil avertisseur, sur les « Lignes du réseau de Marseille, par dérogation à l'Article Premier « de l'*Arrêté Ministériel du 20 Janvier 1909, qui prescrit l'emploi de la* « *cloche ou du timbre.*

« Sur l'avis du Comité, J'ACCORDE l'autorisation sollicitée, MAIS « SEULEMENT A TITRE PROVISOIRE, me réservant de la retirer si des récla- « mations venaient à se produire, qui seraient reconnues fondées par « mon Administration.

« Je vous prie d'en aviser la Compagnie et les Ingénieurs du « Contrôle.

Le Ministre des Travaux Publics, des Postes et des Télégraphes,

Signé : MILLERAND.

Communiqué à M. l'Ingénieur en Chef du Contrôle à toutes fins utiles

Marseille, le 2 Décembre 1909.

Pour le Préfet :

Le Secrétaire Général, délégué,

Signé : Ch. VALLETTE.

DECRET DU 31 DECEMBRE 1922 (*Code de la route*)

Art. 25. — *Signaux sonores.* — « **En rase campagne, l'approche** « **de tout véhicule** *automobile* **doit être signalée, en cas de besoin, au** « **moyen d'un** *appareil sonore,* **susceptible d'être entendu à** « **100 mètres au moins, et DIFFERENT DES TYPES DE SIGNAUX** « **RESERVES A D'AUTRES USAGES PAR DES REGLEMENTS** « **SPECIAUX.** (*)

« **Toutefois,** *dans les agglomérations,* **le son émis par l'avertis-** « **seur devra rester d'***intensité assez modérée pour ne pas incom-* « *moder les habitants* **ou les passants, ni effrayer les animaux.** « *L'usage* **des trompes à sons multiples,** *des sirènes et des sifflets* « *y est interdit.* »

Circulaire du Ministre des Travaux Publics aux Préfets

(Extrait)

Direction générale
des Chemins de fer
7e Bureau

Paris, le 20 Septembre 1923.

« *Le Décret du 11 Novembre 1917 sur la police et l'exploitation* « *des voies ferrées d'intérêt général et d'intérêt local prescrit* « *(art. 54) que lorsqu'une machine ou un train circule sur une* « *voie ferrée empruntant une voie publique, le mécanicien* « *signale l'approche du train au moyen d'un appareil sonore,* « *du type déterminé par le Ministre des Travaux Publics...*

.... « *Il y aurait intérêt à introduire une certaine uniformité* « *dans la réglementation des appareils sonores des lignes d'in-* « *térêt local pour tous les départements. Il conviendrait notam-* « *ment de* SPÉCIALISER *les* SIGNAUX SONORES, *de manière qu'ils* « *puissent être compris de tous les usagers des routes* SUR TOUT « LE TERRITOIRE FRANÇAIS, *et* DISTINGUÉS *par eux* DES SIGNAUX DE « TOUT AUTRE MOYEN DE LOCOMOTION.

« *Dans ces conditions, conformément à l'avis du Comité* « *consultatif de l'exploitation technique et commerciale des* « *chemins de fer, j'ai préparé un projet d'Arrêté préfectoral*

(*) Ce qui, à moins de ne vouloir rien dire, signifie, en premier lieu, des timbres des tramways. (Cf. Commentaire, sur le dit Décret, par un auteur qualifié, attaché au Ministère des Travaux Publics. Edition Taride, page 69).

« *type*, RÉGLANT CETTE QUESTION... *Ce texte reproduit à peu près* « *l'Arrêté Ministériel du* 20 *Janvier* 1909, *abrogé par le Décret* « *du* 11 *Novembre* 1917, *mais en imposant de plus sur les voies* « *ferrées à traction autre que la vapeur, le sifflet à sons graves,* « *reconnu indispensable lorsque la vitesse de marche devient* « *assez grande.*

« *Vous aurez à prendre, en ce qui concerne les voies ferrées* « *d'intérêt local de votre Département, un Arrêté conforme à ce* « *texte...* »

Le Ministre des Travaux Publics,
Signé : Yves LE TROCQUER.

Arrêté Préfectoral type :

« *Les types d'appareils sonores à employer pour l'annonce de* « *l'approche des trains ou automotrices des voies ferrées d'inté-* « *rêt local*, Y COMPRIS LES TRAMWAYS URBAINS, *circulant sur les* « *voies publiques ou longeant ces voies, doivent être les sui-* « *vants :*

« 1° *Pour la traction mécanique autre que la vapeur : la* CLO- « CHE *ou le* TIMBRE, *et, en outre, lorsque les vitesses pratiquées* « *sont supérieures à* 20 *kilomètres à l'heure : le sifflet à* SONS « GRAVES *pour les avertissements à longue distance.*

« 2° *Pour la traction à vapeur :*

« a) *dans les agglomérations : la* CLOCHE *ou le* TIMBRE ;

« b) *en pleine campagne : le sifflet à* SONS GRAVES.

« ... *Ces dispositions seront obligatoires à partir du* 1er *Avril* « 1924 ».

Arrêté de M. le Maire de Marseille, du 20 Janvier 1929

ART. 21. — SIGNAUX SONORES : « *Tout conducteur de véhicule* « *automobile doit, en cas de besoin seulement, signaler son* « *approche, au moyen d'un appareil sonore susceptible d'être* « *entendu de* 100 *mètres au moins, et* **différent des types de** « **signaux réservés à d'autres usages par des règlements** « **spéciaux.**

« *Il est interdit à tout conducteur d'automobile de se servir de* « *la trompe à deux tons dont fait usage le Service des sapeurs-* « *pompiers, d'utiliser des trompes à sons multiples, des sirènes*

« *ou des sifflets ; de faire usage abusif de leur appareil avertis-*
« *seur, surtout la nuit, dans l'intérieur de la ville, de ses agglo-*
« *mérations, quartiers et villages, où le son émis par l'aver-*
« *tisseur doit être* D'INTENSITÉ ASSEZ MODÉRÉE POUR NE PAS INCOM-
« MODER LES HABITANTS OU LES PASSANTS, *ni effrayer les ani-*
« *maux.*

« *Il est interdit de faire usage des appareils avertisseurs aux*
« *carrefours à circulation commandée, lorsque la traversée est*
« *momentanément interdite et que les véhicules sont arrêtés.* »

Des textes ci-dessus rapportés, il ressort avec évidence :

1° Que la loi impose aux Tramways, quels qu'ils soient, la stricte obligation d'employer un appareil sonore qui leur soit spécial, — c'est-à-dire différent *par l'espèce*, et non par la puissance, — et permette ainsi de les distinguer, *partout*, des autres véhicules ;

2° Que le type de cet appareil n'est pas laissé à leur choix, mais qu'il est déterminé par le Ministre des Travaux Publics ;

3° Que ce type, pour les Tramways urbains, est : la cloche ou le timbre ;

4° Que la portée acoustique regardée comme un minimum suffisant, pour les avertissements des automobiles, en rase campagne, est de 100 mètres ; qu'à plus forte raison, il doit en être ainsi, dans les Villes et agglomérations, pour tous les véhicules, y compris naturellement les tramways ;

5° Que si l'usage d'appareils sonores susceptibles de troubler le public par la nature de leur résonnance, tels que la sirène et le sifflet, est interdit aux uns, ce n'est sans doute pas pour être permis aux autres.

Telle est donc, en France, (par conséquent, applicable sur tout son territoire), la loi, quant aux signaux sonores de la circulation.

En regard de ses prescriptions, si sages et si opportunes, que l'on voie maintenant :

§ 2. — COMMENT L'ENTENDENT (ou du moins l'ont entendue, jusqu'à présent), A MARSEILLE, L'ADMINISTRATION, LA PRESSE, LES TRAMWAYS.

A TOUT SEIGNEUR, TOUT HONNEUR

I. — **L'ADMINISTRATION** (en la personne de MM. HERMIL, alors Ingénieur, et FABRE, Ingénieur en chef, du **Service du Contrôle) :**

... « Aux termes de la Circulaire ministérielle du 20 Septembre 1923 », — écrivaient, sans sourciller, dans leur Rapport (Conclusions) du 30-31 Octobre 1924, ces distingués et honnêtes Fonctionnaires, — « SI M. LE PRÉFET PRÉCONISE (pour les tramways) « L'EMPLOI D'UN APPPAREIL SONORE AUTRE QUE LE TIMBRE OU LA « CLOCHE, IL DOIT EN RÉFÉRER AU PRÉALABLE A M. LE MINISTRE « DES TRAVAUX PUBLICS (1). Par Arrêté du 1er Octobre 1923, M. le « Préfet a prescrit l'emploi de la cloche ou du timbre, mais, par « lettre du 17 Octobre, la Compagnie Générale Française de « Tramways a demandé, PAR DÉROGATION, à continuer à em- « ployer la trompe actuellement en usage sur son réseau (2).

« Les essais (3) de timbre effectués sur six voitures, au cours « de l'année 1924, n'ont pas montré en faveur du timbre une « supériorité marquée. Au contraire, il est démontré (4) qu'il « serait indispensable, au point de vue sécurité de la circulation « et régularité de l'exploitation (5), d'employer des timbres très

---

(1) Texte inventé de toutes pièces ; pas un mot de pareil ne se trouve dans la dite Circulaire. (Les soulignements, sauf mention spéciale, sont de nous).

(2) On voit le cas fait par ces Fonctionnaires, et par la Compagnie, de l'Arrêt du Conseil d'Etat, du 9 Février 1917.

(3) Ainsi, pour ces Messieurs, ce qui devait être l'application de la loi devient une simple question d'essai !

(4) On se demande par qui et comment ? MM. les Ingénieurs ne s'embarrassent guère de preuves, leur dire, tout court, devant probablement en tenir lieu : mais que vaut le dire de Fonctionnaires pris en flagrant délit de falsification de textes officiels, ainsi qu'on vient d'en avoir la preuve ?

(5) Affirmation notoirement fausse, aucun accident n'ayant été causé par le timbre, ni aucune modification apportée aux horaires des lignes sur lesquelles il était employé.

« puissants. Dans ces conditions, il n'y aurait aucune amélio-
« ration à espérer, au point de vue de la diminution des bruits
« de la rue, d'une substitution du timbre à la trompe (6). Par
« contre, cette mesure grèverait le budget des tramways, et par
« contre-coup celui de la Ville de Marseille, d'une dépense
« importante (7), hors de proportion avec les résultats à en
« attendre, et indisposerait gravement le personnel subalterne
« de la Compagnie, dont l'opinion (8) ne saurait être négligée.

« Dans ces conditions, la pétition présentée... à M. le Ministre
« des Travaux publics, le 2 Août 1924 (9) ne serait susceptible
« d'aucune suite. »

L'Ingénieur du Contrôle,
Signé : HERMIL.

« Vu et adopté.

«... Je me rallie donc aux conclusions ci-dessus. »

Marseille, le 31 *octobre* 1924.
L'Ingénieur en Chef,
Signé : FABRE.

Voilà le sérieux, voilà la conscience avec lesquels ledit Rapport a été rédigé, approuvé et signé !

---

(6) Evidemment, pour qui admet que tous les sons, comme toutes les odeurs, se valent, et voudrait faire accroire que « *trop* et « *assez* » sont choses et termes identiques.

(7) Argument portant entièrement à faux, et d'autant plus surprenant sous la plume de fonctionnaires si bien au courant des choses de la Compagnie, qu'ils ne devaient pas ignorer que la trompe revient plus cher que le timbre, étant « *plus onéreuse, tant comme première mise* « *que comme entretien* ». (Lettre du Directeur de la Compagnie, en date du 16 Novembre 1909).

(8) Voir plus loin des spécimens de cette opinion.

(9) Altération complète de la vérité : le document en question, faussement appelé « Pétition », était une simple lettre, adressée au Ministre des Travaux Publics, pour lui signaler les conditions de fraude dans lesquelles était effectué le prétendu « essai loyal » du timbre, et protester contre ces agissements. Par contre, MM. les Ingénieurs qui connaissaient parfaitement, à la date de leur Rapport, la Pétition collective remise à M. le Préfet, le 14 Août précédent, par la Chambre de Commerce de Marseille, qui l'avait appuyée de sa propre délibération, ne la mentionnent même pas ! Ils escamotent tout bonnement ce qui, par le nombre et la qualité des signataires, était en réalité une Pétition du plus grand poids, et, sans le moindre égard à son bien-fondé, concluent avec aplomb dans le sens opposé.

Et ces honnêtes Fonctionnaires s'en sont tirés avec tous les honneurs dûs à leur rang ! !

N'est-il pas dit, cependant, quelque part dans le Code, que « tout juge ou administrateur qui se sera décidé par faveur pour « une partie ou par inimitié contre elle, sera coupable de forfai- « ture et puni de la dégradation civique » ? — Ce qui, suivant un Commentaire d'une autorité indiscutée, signifie que « la loi « frappe ainsi certains fonctionnaires de l'ordre judiciaire ou « administratif qui, même sans qu'aucun fait de corruption ait « été exercé contre eux, se décident par faveur pour une partie « ou par inimitié contre elle, et se rendent ainsi coupables de « partialité, en sacrifiant à des considérations personnelles la « justice ou le bon droit ». — Et encore : « Ce que la loi a voulu « atteindre... C'est l'injustice du juge ou de l'administrateur « qui, au lieu de former sa conviction d'après les faits et de pro- « noncer conformément à cette conviction, se détermine d'après « des considérations personnelles de faveur ou d'inimitié, abs- « traction faite de la cause elle-même » ?

De l'Administration, qu'on vient de voir à l'œuvre, en la personne de MM. les Ingénieurs du Contrôle, s'acquittant si honnêtement de leur tâche, passons au deuxième acteur de la Pièce, quatrième Pouvoir de l'Etat moderne, si ce n'est le premier :

II. — **LA PRESSE,** puisqu'il faut l'appeler par son nom : en l'occurence, le « Soleil », du 12 Février 1924, article intitulé : « **La Signalisation des Tramways : la cloche ou la corne ?** », et signé : JOINVILLE.

(Extrait)

« Nous avons annoncé que, pour répondre au désir (10) de « M. le Trocquer, Ministre des Travaux Publics, la Compagnie « des Tramways et le Service Municipal ont commencé l'essai, « sur quelques voitures — affectées aux lignes les plus mouve- « mentées du réseau — de la cloche d'appel que le Ministre

---

(10) Singulière métamorphose qu'on fait subir à la loi, que de transformer ses prescriptions formelles en un simple désir de celui qui a charge de les appliquer !

« voudrait (11) voir substituer à la corne actuellement en usage. « Toutes les villes ont adopté (12) la cloche ; Marseille est seule à « faire exception. Mais ce mode de signalisation peut-il répon- « dre, dans notre ville, aux résultats qu'il donne partout « ailleurs ?

« Nous ne le croyons nullement...

« La topographie de la ville est une des objections les plus « sérieuses (13) contre l'établissement de la cloche comme aver- « tisseur. Nous avons trop de rues déclives (14). Le son de la « cloche d'appel parcourt à peine une centaine de mètres (15), « tandis que celui de la corne atteint cinq cents mètres (16)...

« Un tramway qui descend la rue Thiers, par exemple, et qui « s'emballerait, n'aurait qu'un moyen bien impuissant pour « annoncer le danger. La corne, par son appel sonore, répété, « attire, au contraire (17), l'attention inquiète du piéton...

« D'ailleurs, depuis près de 20 ans que les tramways sont à « traction électrique, le public est habitué (18) à leur corne puis-

---

(11) Même observation que ci-dessus.

(12) Ce ne sont pas les villes (auxquelles n'appartient pas le choix de l'appareil sonore des tramways), mais les exploitants, parce qu'ils y sont légalement tenus, quelles que puissent être leurs préférences particulières.

(13) Que doivent être, alors, celles qui le sont moins !

(14) Exemples : la rue de Rome, le Prado, la Corniche, la route de la Madrague, de l'Estaque, etc., etc.

(15) On l'entendait pourtant fort bien, il y a 5 ans, du bas de la rue de la République, à la Place Carnot, et même plus loin. En 1905, du Jardin de la Bourse, à la Place Estrangin. M. Joinville aurait-il des oreilles « spéciales », ou se serait-il trompé en mesurant ? Au reste, l'article était-il bien de lui ?

(16) Quand ce n'est pas davantage. Justement, c'est ce qui est trop, et la condamne. (Voir, plus haut, le Décret du 31 Décembre 1922, art. 25).

(17) Témoin, probablement, l'accident mortel du boulevard Tellène, il y a quelques années, et celui plus récent (30 Octobre 1925) du boulevard Longchamp (30 victimes, dont 2 morts), l'un et l'autre causés par tramways emballés, dotés de la « *corne puissante, et dont les ondes rayon- « nent* » ! !

(18) A preuve encore : l'incident tragique de la rue de Lodi, du 7 Avril 1926, où le camionneur incriminé goûtait si fort ces appels sonores, répétés, et y était si bien habitué qu'il paraissait ne pas les entendre. Peut-être, aussi, les entendait-il trop !

« sante et dont les ondes rayonnent. A la vérité, si M. le Ministre « des Travaux Publics persistait dans le choix de la cloche, il « faudrait doter chaque tramway d'un... bourdon (19).

« La conclusion — et nous savons (20) que ce sera celle des In- « génieurs qui suivent (21) les essais en cours, — c'est qu'il faut « maintenir la corne, par quoi seulement peut être suffisamment « assurée la signalisation des tramways. »

Cet article, d'une si originale argumentation, qui, sous l'apparence de l'impartialité, ouvrait dans le *Soleil* une sorte de discussion publique sur la question, (comme si celle-ci n'était pas déjà réglée par la loi), montre combien l'auteur en était lui-même peu au courant, tout en affectant de la traiter en parfaite compétence, et à quel point, par le fond et la forme même de son écrit, il se révélait dupe ou complice de tiers astucieux !

M. Joinville a bien ingénument vendu la mèche.

Grâce à l'avisé journaliste, on sait ainsi, depuis ce jour, de quelle édifiante manière notre Presse locale quotidienne, à part de très rares et honorables exceptions (22), comprend un rôle, qui devrait être, à l'égard du Public, celui d'informatrice éclai-

---

(19) Fait bizarre : cette suggestion imagée, de M. Joinville, se retrouve identique dans l'*Echo des Tramways*, de Mars 1908, à cette différence près qu'il s'agissait alors, pour celui-ci, du bourdon de la Vierge de la Garde.

(20) Voilà qui en dit long sur le don de prescience de M. Joinville, et aussi sur la haute moralité de ces Ingénieurs déjà nommés qui, non contents de se prononcer d'avance sur des résultats forcément inconnus, livrent à des tiers ce que le secret professionnel leur fait un devoir de ne pas divulguer.

(21) M. Joinville doit y voir mieux de loin que de près, ou, s'il n'a pas regardé lui-même, pécher par excès de confiance : MM. les Ingénieurs n'ont, en effet, rien suivi du tout. A quoi bon, d'ailleurs, se seraient-ils dérangés, puisque leur siège était fait, et la conclusion du Rapport arrêtée neuf mois d'avance, entre compères ? Pour une fois, ils ont été logiques et sérieux dans l'affaire.

(22) Un bon point, à ce propos, au *Petit Marseillais*, pour avoir eu le courage de faire allusion, dans son numéro du 24 Juillet dernier, (article de M. Ludovic Naudeau : « *Un peu moins de bruits* »), *au « tonnerre incessant »* de nos *tramways*.

rée et sincère, et comment, lorsque certains intérêts ou personnes sont en jeu, elle s'y prend pour les ménager avant tout, parlant ou se taisant, suivant le cas, laissant généreusement à d'autres le soin, plus ingrat, de mettre en pratique l'adage, de simple morale : « *Amicus Plato, magis autem amica veritas.* »

Le clou, maintenant, ou pour mieux dire, le bouquet et la palme, dans ce bel assaut et concert de tromperie :

III. — **LES TRAMWAYS :**

A) *La Compagnie Générale Française de Tramways.*

Lettre du Directeur, M. Dubs, en date du 16 Novembre 1909

... « Le règlement public fait une obligation à nos agents de « corner (23) en présence d'obstacles sur la voie, aux carrefours « et au débouché des rues transversales ; or, dans le centre de « la ville où la circulation est d'une intensité extraordinaire, le « timbre est manifestement insuffisant, DE L'AVEU MÊME DES « CHARRETIERS (24), pour dominer les bruits multiples de la rue, « tandis que la trompe agit avec efficacité pour avertir les « piétons, les conducteurs de véhicules de toutes sortes, même « dans les rues transversales...

« Un autre argument, et non des moindres (*risum teneatis*,

---

(23) Le Décret du 16 Juillet 1907, art. 39, cité plus haut, disait de signaler l'approche, au moyen d'un appareil sonore du type déterminé par le Ministre des Travaux Publics, pour chaque catégorie de tramways, et ce type était déjà, à l'époque, aux termes de l'Arrêté Ministériel du 20 Janvier 1909, art. 1er, la cloche ou le timbre, pour les tramways à traction électrique. C'est de signaler leur approche dans ces conditions, et non de corner, dont il devait être fait obligation en vertu du susdit Décret.

(24) M. le Directeur faisait bien de souligner, car l'aveu en valait la peine ! Le 20 Novembre 1905, celui dont on l'avait obtenu, et qui était *titulaire d'une carte de circulation de la Compagnie*, déclarait, en effet, de lui-même, à quel genre de conviction il répondait dans son esprit, la chose se réduisant, pour lui, à une affaire de complaisance et de bonne camaraderie ! Ne disait-il pas, au surplus, qu'étant au mieux avec M. Dubs, il était tout disposé à régler son avis sur le sien, si cet aimable Directeur venait à en changer ? Nous le tenons de bonne source.

« *Massilienses !*) consiste dans ce fait que le fonctionnement du « timbre offre le très grand inconvénient de compromettre la « santé de nos agents (25) ; en effet, actionné par le pied, les « mains étant prises par la manœuvre des autres appareils de la « voiture, il assujettit l'employé à un continuel et fatigant mou- « vement de jambes qui le prédispose à contracter des plaies « variqueuses, des œdèmes douloureux, ainsi que les rapports « de nos médecins l'ont constaté malheureusement trop souvent.

« Dans une question aussi importante, où la sécurité du public « et la santé de notre personnel sont en jeu, nous avons dû « adopter, entre les divers systèmes d'appareils avertisseurs, « celui qui offre les avantages les plus nombreux. Or, c'est in- « contestablement la trompe qui répond le mieux aux exigences « de notre réseau...

« Quand bien même nous ferions usage d'un type de timbre « ayant la plus grande sonorité possible, il n'atteindrait jamais « la puissance de la trompe et nos employés se trouveraient dans « la nécessité de l'actionner à tout instant, ce qui causerait un « carillon continuel qui serait assurément beaucoup plus désa- « gréable, tout en ayant moins d'efficacité, qu'un seul coup de « trompe...

« Nous avons été amenés en 1905 (26) à faire des essais de « divers systèmes de timbres ou cloches (27), mais en présence « des résultats négatifs (28) donnés par ces essais, nous avons dû « en abandonner l'usage, et nous ne pourrions y revenir que « contraints et forcés, après avoir préalablement protesté contre « une nouvelle réglementation qui, tout en pouvant nous séduire « parce qu'elle serait moins onéreuse pour nous, nous exposerait

(25) Et dire qu'il n'y a pas si longtemps, on voyait encore dans telle grande ville du Midi, d'accortes wattwomen ne pas avoir l'air de s'en porter plus mal !

(26) A la suite de réclamations d'habitants, de la rue Paradis, notamment, aurait dû ajouter M. le Directeur.

(27) Absolument faux : il n'y eut qu'un seul système de timbre employé, celui à pédale, dont le son suffisait très bien pour des oreilles d'hommes ordinaires.

(28) Au dire de ceux qui les voulaient ainsi.

« inévitablement à des accidents plus nombreux et plus graves « que ceux que nous avons déjà le regret de déplorer (29)...

« *Signé :* DUBS.

Si, malgré son ancienneté relative, nous avons cité cette lettre et nous y sommes quelque peu étendu, c'est qu'elle nous paraît vraiment digne d'être encadrée et de passer à la postérité, comme modèle du genre. Il est difficile, en effet, de mieux altérer la vérité, sous les dehors d'une parfaite sincérité, et de se moquer plus cavalièrement du monde, sous ceux de la plus touchante sollicitude pour le bien et la santé d'autrui.

C'est également parce qu'elle fournit la preuve que la puissante Compagnie, usant de ses multiples influences, a fait, dès cette époque, école dans plus d'un milieu administratif et de Presse, sans parler des autres, (tel celui de certains gros bonnets du monde de l'Automobile !), et que c'est donc à son genre d'honnêteté « spéciale », devenu contagieux, que notre ville doit indubitablement le régime de légalité « spéciale », grâce auquel lui a été infligé jusqu'à présent, le maintien de la corne d'appel, comme signal sonore des tramways.

On en jugera mieux encore, pensons-nous, par les quelques textes dont il nous reste à faire état :

Lettre du 5 Novembre 1923 de M. le Préfet des Bouches-du-Rhône au Directeur de la Compagnie à Marseille

... « *Il est indispensable de procéder à un essai loyal du timbre* « *sur deux ou trois de vos lignes traversant les parties les plus* « *animées de la ville...*

---

(29) N'est-il pas honteux de voir le Directeur lui-même de la Compagnie, prendre à son compte un motif aussi matériellement faux ? Lui qui savait, mieux que personne, que le timbre, supprimé en fait depuis fin 1905, sur le nombre partiel de voitures qui en étaient munies, n'avait causé de son temps presque aucun accident, mais qu'au contraire ceux-ci n'avaient jamais été plus nombreux ni plus graves qu'à partir de ce moment, s'étant élevés, en l'espace de 26 *mois*, au chiffre effarant de 32 *morts, par seuls tamponnements !* (Affiche publique, du 17 Février 1909). Imputer à l'un les méfaits de l'autre, c'est là un procédé que l'on qualifie d'ordinaire plutôt sévèrement. Mais qui s'y fût attendu, de la part d'un personnage aussi considérable que généralement considéré ?

« *L'effet de l'appareil avertisseur devra être contrôlé par un* « *témoin placé sur la voiture munie du timbre, et vous m'adres-* « *serez le rapport de ce témoin, accompagné, s'il y a lieu, de vos* « *observations* »...

On va voir, par la lettre ci-après, avec quel soin scrupuleux ces prescriptions furent observées :

Lettre du Directeur de la Compagnie, en date du 14 Novembre 1924, à un intéressé

... « *Les essais de timbre auxquels nous procédons, comme* « *vous l'avez constaté, depuis le début de l'année, ont été entre-* « *pris sur la demande de M. le Préfet, dans les conditions fixées* « *par le Service du Contrôle et sous sa surveillance* » ! ! (30).

« *Nous attendons que les Pouvoirs Publics compétents, quand* « *ils jugeront la durée de l'essai suffisante, nous notifient la* « *décision qu'ils croiront devoir prendre dans le cadre des lois et* « *règlements en vigueur* (31)...

Signé : RICAUD.

Lettre du même, du 30 Janvier 1925, au même

... « *Tout ce que nous avons pu faire, c'est d'enlever les sup-* « *ports de trompe sur les voitures munies de timbre, afin d'évi-* « *ter, le plus possible, que les résultats des essais en cours ne*

---

(30) Quelle bonne plaisanterie ! M. le Préfet vient de prescrire et préciser à la Compagnie les conditions dans lesquelles elle doit faire elle-même contrôler, par témoins, les essais, et, **d'après elle**, c'est sous la surveillance du Service du Contrôle qu'ils doivent avoir lieu. On se passe mutuellement la corvée, en s'en déchargeant de même ! Comment s'étonner, dans ces conditions de chassé-croisé, qu'il n'y ait pas eu plus de rapports que de témoins, la surveillance ayant été nulle et absente, du commencement à la fin de cet « essai », prescrit comme devant être « loyal » !

(31) Et tels que nous sommes d'accord avec eux, pour les comprendre et les appliquer, a, sans doute encore, oublié d'ajouter M. le Directeur.

« *soient faussés* (32) *par les wattmen qui n'en auraient pas*
« *compris tout l'intérêt* » (33)...

Lettre de M. le Directeur de la Compagnie Générale Française de Tramways à M. le Procureur de la République

Marseille, le 23 *Avril* 1929.

Monsieur le Procureur de la République,

« *Comme suite à la communication que vous avez bien voulu* « *me faire d'une lettre du* 16 *courant... j'ai l'honneur de vous* « *faire connaître que la corne d'appel est autorisée* (34) *sur nos* « *voitures par l'Arrêté préfectoral du* 27 *Mars* 1925 (35), *et que* « *nos wattmen en usent conformément à l'article* 54 (36) *du* « 11 *Novembre* 1917 *et à l'article* 7 *de l'Arrêté préfectoral du* « 13 *Avril* 1913 (37), *portant règlement public d'exploitation...* »

Nous croyons en avoir assez dit, en ce qui concerne la Compagnie Générale Française de Tramways, et avoir amplement prouvé que sa Direction de Marseille n'a rien perdu, avec le temps, des traditions de loyauté, de franchise et de sincérité tout « exceptionnelles » et « spéciales » (aussi bien dans l'interpré-

---

(32) On avait dû, en effet, signaler à la Compagnie, que certains agents ne se gênaient pas pour réadapter la corne, et s'en servir, sur les voitures à timbres, ce qui confirme l'absence totale de surveillance et la fréquence des cas de fraude.

(33) Ils le comprenaient bien, mais à leur façon.

(34) Toujours la même application à donner le change sur les mots, en voulant faire croire qu' « autoriser » revient au même que « déterminer », et qu'il y a donc choix, laissé aux tramways, le Pouvoir compétent se bornant à ratifier, ce qui est le contraire de ce que dit la loi.

(35) Arrêté probablement réservé à l'usage interne, puisqu'il ne figure pas, à cette date, au « Recueil des Actes administratifs des Bouches-du-Rhône ». Comment, en outre, concilier pareil Arrêté avec les Décrets des 11 Novembre 1917, art. 54, et 31 Décembre 1922, art. 25, et comment, alors, le qualifier ?

(36) On n'a qu'à se référer au dit article, pour juger du genre de cette conformité.

(37) Arrêté antérieur, de près de 4 ans, à l'Arrêt du Conseil d'Etat, du 9 Février 1917, et devenu par conséquent nul de plein droit, dans toutes celles de ses dispositions qui contredisent à cet Arrêt.

tation des textes que dans l'appréciation des faits), qu'avait si dignement inaugurées chez elle l'éminent M. Dubs, et qu'elle reste sous ce rapport, touchant la question qui nous occupe, toujours fidèle à elle-même.

Notre exposé, toutefois, ne serait pas complet si, à côté d'elle, nous ne faisions une place méritée, quoique malheureusement limitée, à certains agents de

B) *Son Personnel subalterne.*

Bien, en effet, que, par une discrétion surprenante de la Compagnie, il n'ait été question de ce personnel qu'au sujet de l'argument, par elle tiré, des graves dangers que faisait courir à la santé de ses wattmen l'emploi du timbre actionné par le pied, (argument certainement des plus impressionnants, mais qui l'est beaucoup moins quand le timbre est à main), il se trouve que MM. les Ingénieurs du Service du Contrôle, dans leur Rapport du 30-31 Octobre 1924, ont fait valoir, à l'appui de leurs conclusions en faveur du maintien de la corne, le sentiment du « personnel subalterne de la Compagnie, dont l'opinion ne « saurait être négligée. »

Nous nous sommes donc fait un devoir de rechercher les manifestations les plus autorisées de cette opinion, nous demandant comment elle pouvait être ainsi contraire à celle de tant de gens, de sens rassis et d'oreilles ordinaires, favorables au timbre, et nous avouons n'avoir rien trouvé, dans la suite de ses expressions, qui nous convainquît de sa justesse, ni même de son sérieux.

On nous permettra d'en citer, sans commentaires, à titre d'échantillons ou aperçus, quelques extraits, laissant aux lecteurs le soin d'apprécier :

Lettre d'un Membre particulièrement en vue du « Syndicat des Ouvriers et Employés de Tramways », *du* 3 *Janvier* 1907, à un concitoyen :

... « *En effet,... c'est par notre action continue, persévérante,* « *que notre Administration a reconnu enfin toute l'inutilité, tout* « *le danger du timbre avertisseur que vous portez dans votre* « *cœur.*

... « *Le timbre avertisseur qui, tout en leur occasionnant un* « *travail inutile, était dangereux pour leur santé, a été remplacé* « *par la corne d'appel. Les piétons aussi se trouvent très heureux*

« *de cette substitution, car l'avertissement est plus efficace, et*
« *par là les dangers d'écrasement sont nuls.*

« *Il est regrettable que vous n'aimiez pas le son bref et impé-*
« *ratif de la trompe, mais consolez-vous-en, c'est toute la grâce*
« *que je vous souhaite* »...

« Echo des Tramways » de Mars 1908, article intitulé :

« N'y touchez pas ! »

... « *Eh ! bien, puisque vos moyens vous le permettent, trans-*
« *portez vos pénates... Achetez-vous une automobile et, en guise*
« *de corne, installez à l'avant de votre Peugeot un appareil à*
« *base de sonnerie, le bourdon de la Vierge de la Garde, par*
« *exemple...* »

« Echo des Tramways », d'Avril 1908

Poésie intitulée : Contre Elles

Les cornes, mes amis, soupirent doucement
Et les voitures vont silencieusement
Sur le ruban d'acier. Qu'ont donc les conducteurs ?
Leurs mines assombries annoncent des malheurs,
Les wattmans eux aussi tels des âmes en peine,
Sérieux aux appareils, daignent sourire à peine
Lorsqu'une jeune dame susure un rendez-vous
A ces beaux jeunes gens d'ordinaire si fous.
Qu'est-il donc arrivé ? Leur roulante voiture
Aurait-elle, en passant, séparé la figure
Et le corps d'un passant assez audacieux
Pour narguer le danger en regardant les cieux ?
Ou bien la Compagnie allant faire faillite,
A dit aux employés : « Il faut que l'on se quitte ».
Leur maîtresse adorée, oubliant ses devoirs
A-t-elle fui au loin emportant tous espoirs
Et la solde d'un mois avec un ami traître ?
Je crains que c'est cela, j'ai deviné peut-être ?
Un wattman me répond : « Faible est votre cervelle » ,
Perte d'argent n'est rien, nos femmes sont fidèles
Et notre emploi est sûr. Ce qui cause nos larmes
Ce qui nous rend moroses et cause nos alarmes,

Cause notre chagrin et nous rend abrutis,
Le voici en deux mots, curieux mais chers amis,
Ils veulent la suppression, quelques messieurs grincheux,
De nos cornes superbes aux sons harmonieux. »

« Echo des Tramways », de Juin 1908

Plus de Cornes

...A bas les cornes ! ! !
Et lorsque l'on n'en verra plus,
Quand viendra le jour salutaire
Où ces ornements superflus
Auront disparu de la terre,
Les Wattmen, fiers et tapageurs,

Désormais les seuls nasicornes,
Charmeront tous les voyageurs
Avec leurs cornes ! ! !
....

« Echo des Tramways », de Mai 1909

Encore les Cornes

... « *Entre deux interpellations... Son Eminence notre bon* « *Ministre a jugé utile d'exhumer de quelque vieux bahut une* « *circulaire vieille d'un demi-lustre, réglementant les sonneries* « *des divers moyens de transports...*

« *L'avenir nous apprendra si la décision qui nous concerne* « *doit rester lettre morte ou si les pouvoirs publics feront* « *appliquer cette ancienne réglementation. Dans ce dernier cas,* « *nous verrions, à partir du 1er Juillet prochain, les trains des* « *grandes lignes cinglant toujours les airs de leur sifflet stri-* « *dent, les tramways et chemins de fer à voie étroite, munis du* « *timbre ou de la cloche, les automobiles et bicyclettes armés de* « *la corne, et l'on inventerait à la rigueur des appareils spéciaux* « *pour distinguer les attelages particulièrement dangereux des* « *laitiers.*

... « *M. le Ministre avait-il des motifs sérieux pour rappeler* « *cette circulaire regrettable à bien des points de vue ?*

(Suivaient quelques ironies à propos d'une pétition pour l'adoption du timbre).

« *Il suffira de porter à la connaissance de M. le Ministre ces* « *menus faits particulièrement suggestifs, pour obtenir une* « dérogation *en faveur des Tramways de Marseille...* »

Enfin, dernière manifestation, à notre connaissance, et sur un ton plus calme, de l'opinion de ce Personnel, si attaché à la corne, qu'on l'en dirait vraiment coiffé :

« *Soleil* », du 14 Février 1924

... « *Considérant qu'il est à nouveau question de la substitution* « *du timbre avertisseur à la corne d'appel ;*

« *Considérant qu'après l'essai de* 1905-1906 (38), *les employés* « *de tramways étaient en droit d'escompter qu'un nouvel essai* « *n'apporterait rien à la démonstration qui a été faite ;*

« *Considérant que le son du timbre n'est pas suffisamment* « *prononcé, pas assez intensif pour être perçu par un charretier,* « *même à faible distance ;*

« *Considérant encore que les chauffeurs de camions-autos* « *entendent difficilement les trompes d'appel et n'entendront* « *pas du tout le timbre avertisseur ;*

« *Considérant enfin que, pour toutes ces raisons, la circulation* « *des tramways va devenir de plus en plus difficile, et que la* « *vitesse commerciale va considérablement diminuer, obligeant* « *ainsi le réseau à augmenter son déficit que paie la Ville ;*

« *Le Syndicat des Ouvriers et Employés de Tramways de-* « *mande le maintien des trompes d'appel sur les voitures.* »

Ces citations, que nous aurions pu allonger, et peut-être même corser, nous paraissent suffire. Lorsqu'on se trouve en présence d'objections de cette force et d'arguments de ce calibre, il n'y a plus, en effet, qu'à tirer l'échelle.

Notre tâche, pensons-nous, est donc maintenant terminée.

Nous nous étions proposé de mettre en évidence deux choses :

---

(38) Erreur de fait, pour 1906.

1° d'une part, en nous référant à leurs textes mêmes, les prescriptions de la loi, relativement aux signaux sonores de la circulation, leur caractère impératif et absolu, sans acception de lieux ni de personnes, en ce qui concerne les tramways, — et aussi leur sagesse, manifestée par l'unification obligatoire, sur toute l'étendue du territoire, des types de *signaux réservés*, de même que par la modération des appels imposée à tous les véhicules, spécialement dans les villes et agglomérations, la portée de 100 mètres étant indiquée comme minimum pouvant suffire, (Décret du 31 Décembre 1922, article 25) ;

2° de l'autre, la prétention affichée,à Marseille, par l'Administration et les Tramways, secrètement entendus à cet effet, de se réclamer de cette même loi, pour s'y soustraire, et, à l'appui d'une telle prétention, le recours persistant à des procédés d'une honnêteté tout « exceptionnelle » et « spéciale » (39), dans l'ignorance desquels le Public ne saurait être laissé, sans dommage pour la vérité qui est le premier de ses droits.

Ce but, estimé par nous des plus légitimes, nous espérons l'avoir atteint.

Nous nous sommes efforcé, au cours de cet exposé, que nous aurions souhaité pouvoir abréger, de bannir tout ce qui aurait pu paraître question de personnes, ou sentiment d'amertume, étant donné qu'il ne s'agit, en l'espèce, que de faits et de raisonnements.

---

(39) Nous insistons sur ces mots, parce que c'étaient ceux employés, — dans l'Arrêté Ministériel du 20 Janvier 1909, article 2 (*annulé par le Conseil d'Etat*, le 9 Février 1917) — pour désigner les « circonstances » que le Ministre s'arrogeait le droit de prévoir, afin de justifier des dérogations au type réglementaire de l'appareil sonore des tramways, et que ces mêmes mots, reparaissent, comme par hasard (*in cauda venenum*), glissés à la fin de la Circulaire Ministérielle du 20 Septembre 1923, dans la phrase suivante : « J'ajoute que, pour des cas *exceptionnels*, « vous pourrez prendre des mesures *spéciales* après les avoir soumises à « mon agrément. »

Voilà comment on en use avec la loi et les Arrêts du Conseil d'Etat dans certains Cabinets ou Bureaux, de haute volée, et jusqu'où vont se jucher les récidivistes !

Il nous a bien fallu, toutefois, nommer ceux qui, par leur caractère officiel ou public, ont endossé la plus grande part de responsabilité dans la situation d'exception injustement, ou plus exactement « injurieusement », faite à notre Ville, sous le rapport du signal sonore des Tràmways, par la Compagnie Générale Française de Tramways, et ses vertueux complices.

Que cette complicité et entente secrète existent, le fait que la lettre adressée, le 17 Novembre 1923, par la Compagnie à M. le Préfet des Bouches-du-Rhône (pour demander, avant même tout essai de timbre, que rien ne fût changé à son système d'avertisseur), soit restée hermétiquement cachée aux importuns qui se croyaient fondés à en avoir connaissance, ce fait, à lui seul, le prouverait mieux que tout le reste.

On ne cache tant que ce que l'on juge compromettant.

Quoi qu'il en soit de ces agissements, d'une nature « spéciale », personne, est-il besoin de le dire, ne songe à contestér l'importance des services rendus à notre Ville par la Compagnie des Tramways, ni à méconnaître les qualités professionnelles de son personnel, mais cela n'équivaut point à leur en faire, pas plus à l'une qu'à l'autre, un titre à l'abus et à l'illégalité.

On ne leur demande que sincérité et justice.

S'il se trouve que, par suite d'engagements antérieurs pris par la Compagnie envers certains de ses agents conducteurs, auxquels elle aurait concédé l'achat des fameuses cornes (40), ces agents dussent subir un préjudice matériel, comme effet de la substitution du timbre à la corne, rien ne serait évidemment plus juste que de les en indemniser. Les fonds, dans ce cas, ne manqueraient pas, à la Caisse Municipale, s'il fallait en appeler à elle.

N'en trouve-t-on pas tant qu'il en faut, pour boucher tous les trous de l'exploitation, et cette considération a-t-elle jamais joué, quand il s'est agi de l'« Harmonie des Tramways » et du château de Fabrégoules, devenu la « Maison de Repos » du personnel des Tramways ?

Qu'on n'accumule donc pas prétextes sur prétextes et faux-fuyants sur faux-fuyants ! Qu'on ne se réclame surtout pas de

(40) Cela semblerait résulter d'un entretien du Directeur avec plusieurs de nos concitoyens notables, le 10 Décembre 1924.

la loi, pour la tourner, et la faire plier devant des exigences, préférences ou amours-propres, chez lesquels, avec la meilleure volonté du monde, on n'arrive pas à découvrir la moindre trace de bonne foi, ni même, on doit l'avouer, le moindre égard au sens commun.

Car, ne faut-il pas avoir une conformation mentale et acoustique vraiment « exceptionnelle » et « spéciale », pour affirmer, comme chose démontrée, que la sécurité et le repos du public, objet des dispositions de la loi, sont d'autant mieux assurés, à Marseille, que, contrairement à ces dispositions expresses, les tramways, par l'usage de leur **« corne puissante et dont les ondes rayonnent »**, y augmentent singulièrement la force et la confusion des signaux sonores et y mettent plus à mal les nerfs des habitants ?

La Compagnie Générale Française de Tramways, qui a certainement ses grandes et ses petites entrées aussi discrètement ménagées au Ministère des Travaux Publics qu'au Service du Contrôle et à la Préfecture des Bouches-du-Rhône, et qui paraît si bien en cour avec les trois, qu'on serait tenté de croire qu'elle leur prête de temps en temps sa plume, voudrait-elle à toute force donner raison à un de nos plus honorables concitoyens, sommité du monde commercial français, qui écrivait d'elle, à ce même sujet : « **Cette Compagnie, qui est très puissante, trouvera le moyen de se tirer d'affaire, car elle sera toujours soutenue d'une manière scandaleuse »** ?

Nous espérons fermement que non, et que, pour son honneur, non moins que pour celui de notre ville, elle se décidera à rompre avec des errements indignes et à faciliter d'elle-même la solution rationnelle et légale d'une question qui n'a déjà que trop fait couler d'encre et aigri de discussions.

Jusque-là, en effet, en dépit de la réclame organisée, dans certains de nos journaux, autour de ses moindres faits et gestes, comme si Marseille n'existait que par les tramways, rien de sérieux n'aura été fait touchant un des points les plus importants de la police de la circulation dans notre Ville, attendu que si l'éclairage extérieur de ces véhicules est lui-même réglementé par la loi, comme intéressant la sécurité du public, il en va doublement ainsi pour leurs signaux sonores, du fait que ceux-ci intéressent à la fois et sa sécurité et son repos, l'ouïe, à cet égard, jouant un plus grand rôle encore que la vue (41).

Jusque-là, de même, il sera plus que plaisant de voir notre Presse locale publier gravement que « **M. le Maire rappelle à « tous les conducteurs de véhicules, quels qu'ils soient, (bicy- « clettes, voitures à bras comprises), la stricte application de « son Arrêté du 20 Janvier 1929, réglementant la circulation « dans la Commune de Marseille. Des procès-verbaux seront « désormais dressés à l'encontre des contrevenants.** » (*Petit Marseillais*, du 9 Octobre 1929).

Y a-t-il donc, en effet, deux poids et deux mesures, dans l'application d'une loi, dite et supposée, égale pour tous ? Ou bien, les tramways ne seraient-ils pas, à Marseille, des véhicules ?

Pourquoi les uns, depuis les plus lourds autos jusqu'aux légères et inoffensives voitures à bras, seraient-ils tenus à cette stricte application, sous peine de sanctions, quand les tramways (qui, en leur qualité d'exploitants de services publics, et de véhicules à voies ferrées, d'une circulation particulièrement dangereuse dans les villes, y sont cependant d'autant plus astreints), se voient laissés libres de n'en faire qu'à leur guise ?

Pourquoi aux uns interdire, comme de juste, l'emploi d'appareils bruyants, en les obligeant très sagement à différencier leurs signaux sonores de ceux réservés à d'autres usages par des règlements spéciaux, c'est-à-dire avant tout de ceux des tramways, alors que ces derniers continuent à jouer impunément de la corne, quand ce n'est pas de la sirène (42), et rendent

---

(41) Si donc, comme on l'insinue quelquefois, la Compagnie Générale Française de Tramways, prétendait décliner la responsabilité de la bonne marche de ses services, au cas où ses agents ne seraient plus munis de leurs « *cornes superbes, aux sons harmonieux* », ce déclinatoire aurait sans doute autant de valeur légale que celui de conducteurs d'automobiles qui émettraient la même prétention, devant l'interdiction, à eux faite, de l'usage des feux aveuglants.

(42) Tel est le cas, positivement ahurissant, des nouvelles voitures, à plates-formes vitrées, de la ligne Chartreux-Joliette, mises en service, à grand renfort de réclame de nos journaux locaux, le 27 Octobre dernier, et dont les sirènes, identiques à celles que l'on n'a pas craint de faire installer sur certaines voitures de banlieue, deviennent, par euphémisme, sous la plume de ces encenseurs patentés de la Compagnie, de simples « trompes automatiques » ! (*Soleil*, du 26 Novembre 1929).

ainsi pratiquement impossibles cette modération et cette différenciation bienfaisantes, l'une et l'autre également prescrites par la loi ?

On imaginerait difficilement situation plus contradictoire, plus anarchique et plus violente que celle-là !

Ne serait-il pas vraiment temps d'y mettre fin, et un défi aussi net au bon sens et à la loi n'a-t-il pas assez duré ? Le bien-être de toute une ville ne l'emporte-t-il pas, et de beaucoup, sur quelquelques considérations que ce soient, de personnes ou d'intérêts particuliers ?

Nous soumettons, en toute sincérité et confiance, le cas à nos honorables concitoyens, les vrais Marseillais, à ceux principalement qui, par la légitime autorité et influence dont ils jouissent, peuvent davantage pour sa juste solution, et nous nous estimerons heureux si, par ce petit travail (auquel nous ne nous sommes résolu que parce qu'il nous semblait s'imposer, faute d'autre), nous pouvions nous-même y aider, dans quelque mesure.

Marseille, le 10 Décembre 1929.
UN MARSEILLAIS.

ANNEXE

Texte de la Pétition de 1924 à M. le Préfet des Bouches-du-Rhône
(considérée comme inexistante par MM. les Ingénieurs du Contrôle HERMIL et FABRE, dans leur injurieux (*) Rapport du 30-31 Octobre 1924.)

MONSIEUR LE PRÉFET,

Les soussignés, approuvant pleinement l'énergique réclamation de la **SOCIETE DES COMMERÇANTS, MAGASINIERS et INDUSTRIELS,** dans son Ordre du jour, du 12 Mars dernier, contre l'abusif système, partout ailleurs supprimé, et pourtant encore subsistant à Marseille, de la Corne d'appel, comme appareil avertisseur des Tramways ;

Estimant, de leur côté, que l'emploi par ceux-ci du timbre ou de la cloche est, à tous égards, un indéniable progrès :

Qu'en raison même de l'intensité de la circulation de ces véhicules dans notre ville, tout autant que du développement qu'y a

(*) C'est pertinemment que nous employons ce terme.

pris celle des Automobiles, il s'y impose, en quelque sorte, doublement ; qu'en outre des avantages évidents qu'il présente, notamment sous le rapport de la tranquillité des habitants, il a, en effet, celui très certain, et on ne peut plus appréciable, de « spécialiser » les appels des tramways et d'éviter ainsi les inconvénients et le danger résultant, si fréquemment, pour les occupants de la voie et les passants, de la similitude des sons émis par tant de véhicules d'espèces différentes ;

Reconnaissants, en conséquence, à la Compagnie et à son personnel, d'avoir, depuis peu, adopté le timbre sur quelques voitures ;

Regrettant, toutefois, que les appareils mis en service ne soient pas, pour la plupart, plus sonores, ni d'un mécanisme permettant aux employés d'en mieux marteler les appels ;

Surpris, en même temps, que le nombre de ces voitures soit demeuré jusqu'à présent si restreint (*) ;

Considérant, en effet, que l'autorisation, exceptionnellement accordée aux Tramways des réseaux de Marseille, par le Ministre des Travaux Publics, le 27 novembre 1909, d'employer la Corne, l'était expressément, et SEULEMENT, A TITRE PROVISOIRE ;

Considérant, d'ailleurs, l'**ARRET DU CONSEIL D'ETAT, du 9 Février 1917,** et le Décret du 11 Novembre 1917 (art. 54) ;

Considérant qu'en application de ce dernier, le Ministre des Travaux Publics a, par Circulaire du 20 Septembre 1923, déterminé la **Cloche ou le Timbre,** comme **type d'appareil sonore pour les TRAMWAYS URBAINS ;**

Que l'emploi de ce type d'appareil, **seul légal** pour cette catégorie de véhicules, leur est, dès lors, à l'exclusion de tout autre, rendu **obligatoire sur toute l'étendue du Territoire ;**

Qu'aucun argument ni raison valables ne peuvent donc être invoqués pour le maintien, à quelque titre que ce soit, de la Corne ou Trompe, comme appareil avertisseur des Tramways, dans notre Ville ;

POUR CES MOTIFS,

Vous sollicitent instamment, Monsieur le Préfet, de prendre toutes mesures requises pour que ne soit pas plus longtemps différé le moment où, dans le délai nécessaire à la transformation du

---

(*) C'étaient les n°s 621, 635, 804, 805, à système de tringles à pommeau, 718, 723, à chaînettes, tous timbres actionnés à la main, et où, par conséquent, le pied n'avait rien à voir.

matériel et dans des conditions de sonorité et de mécanisme donnant satisfaction aussi bien à la population qu'au personnel conducteur, le Timbre ou la Cloche, conformément à la loi, sera substitué à la Corne ou Trompe, comme appareil avertisseur, sur tous les tramways des réseaux de Marseille, et qu'ainsi prenne fin un abus qui n'a déjà que trop longtemps duré.

Marseille, le 28 Juin 1924.

Suivaient les signatures, dont 26 de Chambres Syndicales ou groupements divers, au nombre desquels la **Société pour la Défense du Commerce** et le **Syndicat d'Initiative de Provence**.

N.-B. — Cette Pétition, objet d'une délibération unanimement favorable de la **Chambre de Commerce de Marseille,** en date du 12 Août 1924, fut transmise par cette dernière, le 14 du même mois, à M. le Préfet des Bouches-du-Rhône (*).

(*) Or, veut-on savoir en quels termes le *Petit Marseillais*, du 15 Août 1924, rendait compte de cette délibération ? — Voici : ... « Confor- « mément à ses conclusions (de sa Commission des Transports), la « Chambre a décidé de transmettre avec avis favorable une pétition « pour l'OPTION du timbre ou de la cloche, comme appareil avertisseur « des tramways. » — OPTION, pour ADOPTION, il faut avouer que la coquille n'est pas ordinaire, et la croire involontaire. C'est ainsi pourtant que le Public est renseigné, et la Presse censée le plus fidèle et le plus impartial de ses informateurs !

Terminons, à ce propos, par une perle, une vraie, que ceux de nos patients et bienveillants lecteurs, à qui elle aurait échappé, dans l'article lui-même, nous sauront certainement gré de leur offrir. Elle est encore extraite de l'écrin du *Soleil*, numéro du 21 Octobre 1929, rubrique : « CONTRE LES BRUITS INUTILES » : ... Ne souffrons-nous pas, et aussi atroce- « ment que les Aixois, de tout ce tintamarre, de tout ce boucan de « cornes, de *timbres*, de *cloches*... de quoi 60.000 véhicules écorchent « nos oreilles ? »... Souffrir du boucan des timbres et des cloches des véhicules, à Marseille, où il n'y a pas l'ombre de ces appareils, pour s'y faire entendre, c'est en vérité un comble, bien digne des oreilles spéciales et du génie inventif de l'auteur, que l'on jurerait frère jumeau de « Joinville ». Fiez-vous ensuite à ces écrivains, si tant est qu'on puisse les appeler de ce nom, et qu'ils n'en méritent pas un autre beaucoup plus en rapport avec leur caractère !

Cave vulpem !

FIN

www.ingramcontent.com/pod-product-compliance
Ingram Content Group UK Ltd.
Pitfield, Milton Keynes, MK11 3LW, UK
UKHW021035260726
13994UKWH00005B/2174

9 782329 202884